ज़िंदगी फ़िर से मुस्कुराएगी

श्वेता रॉय

ISBN 979-888530531-0

क्रम-सूची

क्रम-सूची

क्रम-सूची

1. जख्म

जख्म दिए है इतने गिनकर
जिसको बयां ना कर पाऊँ
यादों से कैसे गुजरूँ उसके
कैसे उसे मैं भूल जाऊँ

तन के जख्म से गहरा
दिल का दर्द है ज्यादा
जिससे सच्ची मोहब्बत है हमें
उसने आज तोड़ दिया हर वादा

तन्हाई भरी हर महफ़िल
दिल में दर्द का सैलाब
आँखों के आँसू ना दिखा पाऊँ मैं
ये कैसा है प्यार।

2. नई मंज़िल ढूंढ लाएंगे

जहाँ से तय किया था सफ़र
फ़िर से लौट वहाँ मैं आ गई
अपने आने वाले कल को
फ़िर से अतीत की गोद में सुला गई

अब ना जीत का जश्न है ना हार की रुसवाई
मैं जहाँ हूँ खड़ी मेरे संग है मेरी सुकून की परछाई
मैं ख़ामोश हूँ क्योंकि मंज़िल यही नहीं खत्म होता
मेहनत करने वाले सच्चे लोगों का सूरज नहीं अस्त होता

आएगा जल्द मेरा भी उजाला सवेरा
जिसकी रोशनी से जगमगाएगा वो काली रात सा अंधेरा
अपनी हुनर से मैं फ़िर से कहीं तो जगमगाऊंगी
जो तारा प्रगति का धूमिल हो गया उसे तोड़ लाऊंगी

जीवन चलने का नाम है हर घटना कुछ सीखाता है
जो अपने स्वाभिमान के साथ जीता है
वह आसमाँ को भी एकदिन झुकाता है।

3. रिश्तें

कुछ मुस्कुराहट के पीछे कुछ राज छुपाते हुए देखा
जो दावा करते थे कि वो सही है हर दफा हर मोड़ पर
आज उन्हें किसी के आँखों में आँसू लाते हुए देखा
जरूरी नहीं हर चेहरा आपको ख़ुशी दे हर लम्हा
मैंने तो किसी को रिश्तों के राख पर मुस्कुराते हुए देखा।

4. अभिलाषा

निराशा के कांटे डसती है दिन रात
सोचती हूँ कोई तो निजात मिले
छटे जीवन से काली रात
कोई तो सुबह मिले

इन अंधेरों की काली रात से
कब तक मुझे लड़ना है
है वो कौन सा डगर
जिसपर मुझे चलना है

पैरों में पड़ गए छाले
मन में फ़िर भी एक आशा है
मेरा भी निकलेगा प्रगति का सवेरा
अंतर्मन में ना हताशा है

अपनी जहाँ को रोशन
बस मुझे ही करना है
फौलाद सा हौसला बुनकर
नामुमकिन को मुमकिन करना है

श्वेता रॉय

प्रगति की खोज की मशाल
मैंने मेहनत से जलाया है
पा लूंगी वो मंज़िल एक ना एकदिन
इस दिल को जिसकी अभिलाषा हैं।

प्रगति की खोज की मशाल
मैंने मेहनत से जलाया है
पा लूंगी वो मंज़िल एक ना एकदिन
इस दिल को जिसकी अभिलाषा हैं।

5. एक तरफा मोहब्बत

सजदे किए थे उनके लिए
माँगी थी मैंने भी दुआ
जहाँ भी वह रहे बस
ख़ुश रहे सदा

ज़रूरी नहीं कि मैं उनके दिल में रहूँ
पर उनसे मैंने एक तरफा ही सही
सच्ची मोहब्बत की हर दफा
उनको अपनी हाल -ए-दिल बताने की
हर मुमकिन कोशिश की
पर उनके दिल में मैं नहीं कोई और था बसा

मैंने उनकी ओर जाने की हर रास्ता रोक दिया
मत कर उनसे प्यार अपने दिल को समझा दिया
पर आज भी दिल बस उनसे मोहब्बत करता है
वो है किसी और का अब फ़िर भी क्यों उसकी परवाह करता
है

मोहब्बत कहाँ हर लम्हा पाने का नाम होता है
उसकी हर ख़ुशी को देख बस ये दिल सुकून की आहे भरता
है
एक तरफा ही सही पर मोहब्बत तो की है
उसके नाम अपनी पूरी ज़िंदगी जो की हैं।

6. तुम जो मेरे हुए

तुम जो मेरे हुए तो पूरी दुनियाँ
मेरी जैसे हँस पड़ी
बेरंग सी मेरी दुनियाँ में
भर गए रंग कई

इन्द्रधनुष के सारे रंग
आज जैसे है मेरे दामन में
तेरे प्यार के रंगों में रंग
मिल गए प्रेम के रंग मुझे

धानी चुनर प्रेम का ओढ़
मैं तुझमे बस गई
अपनी सुध बुद्ध खोकर
पिया मैं तेरी हो गई

प्रीत का रंग है सबसे
पक्का जो न मिटाने से मिटे
दिल पर पिया का अमिट छाप है
जिसका रंग जीवन भर संग रहे ।

7. मेरी जरूरत हो तुम

कैसे बताऊँ कि तुम मेरे लिए कौन हो
इस दिल की चाहत मेरी जरूरत हो तुम
इस चेहरे पर जो रहती मुस्कान हर लम्हा
इस घड़कन की अधूरी साँस हो तुम
बेइंतहा मोहब्बत है तुमसे और बंधन भी अनोखा
मेरी इस दिलकश कहानी का अहम किरदार हो तुम
हर घर में तेरी मेरी मोहब्बत के चर्चे है हसीन
इस दिल की क़िताब का आफ़ताब हो तुम
हर लम्हा जिसकी ख़्वाब बुनती हूँ सपनों में
उन सपनों का एहसास हो तुम।

8. मैंने सीख लिया

मैंने सीख लिया
हर दर्द के साथ मुस्कुराना
अपने दिल में दर्द कैद कर
अपने आँसू को छिपाना

ख़ामोश लबों पर अब मेरी मुस्कुराहट है
सैलाब है दिल के अंदर
पर चेहरे पर राहत है

अपने हर दर्द से अब दोस्ती कर ली मैंने
अब न अपने दर्द को किसी से बयां करने
की आदत है।

9. इश्क़ की सिफ़ारिश करें

इश्क़ की सिफ़ारिश
या तुझसे मेरी गुजारिश
रहना ताउम्र मेरे साथ
बस इस दिल की है इतनी ख़्वाहिश

ना आरज़ू इस दिल की कुछ भी तुझसे
ना दिल की है चाहत
मैंने मांगा तुझे अपनी दुआओं में
तुझमें है इस दिल की राहत

तू वो तपती रेत है
जिसकी मृगतृष्णा मैं बन जाऊं
कभी सावन की बौछार बन
तेरे तन को छूँ जाऊँ

तेरी हर मंज़िल मैं बनु और ठहराव भी मैं
मुझसे होकर गुजरे तेरे दिल का हर रास्ता
बस तुझसे यही सिफ़ारिश है।

10. रास्ता बन जाएगा

धुंध भरी है सफ़र
नहीं दिखता वो डगर
कोशिशों से मंज़िल को पाना है
अपनी मेहनत से आसमाँ को झुकाना है

रास्ता ख़ुद बन जाएगा
हौसलों को जब तू दिल में लाएगा
न हारने का भय कभी
ना जीतने पर इतराना
बस मंज़िल पाने की राह में
शूल पर भी नंगे पाँव चलते जाना
हर शूल भी फूल लगेंगे
बस परिश्रम करना ना भूल जाना।

11. सपनों की गूंज

इन नयनों में स्वपन जो है बसे
उन सपनों की गूंज से मैं हर पल जागूं
पूरे हो मेरे भी अरमान
हर पल उन सपनों के पीछे मैं भागूं

ना चैन आता दिल को जब तक
वो मुकाम न पा लूं
कलम थकता ही नहीं
जब तक कोई पहचान न पा लूं

कहते है सपनों की गूंज
अंतर्मन का दर्पण है
इन सपनों पर ही तो
मेरा सारा जीवन अर्पण है

ना चाहते दिल की कुछ ज़्यादा
पूरे जग में हो बस मेरा भी कुछ नाम
मेरे सपनें ग़र हो गए पूरे
तो मुझे भी मिल जाएगी मेरी खोई पहचान।

12. नाराज़गी

ये कैसी नाराज़गी
और क्यों हो खफा
भूल जाते है ना बीती बातें
नाराज़गी को करते है रफा दफा

चंद सांसें मिली ज़िंदगी में अनमोल
फ़िर क्यों दे किसी का दिल तोड़
चलो आज पहले हम ही झुक जाते हैं
अपनी इगो को बाजू रख तुझसे गले लग जाते हैं

इस नाराज़गी को क्यों हम बढ़ावा दे
ज़िंदगी एक बार मिली क्यों न ख़ुशी को गले लगाते हैं
दर्द दिल को दोगे तो दर्द तुम्हें भी होगा ना
चलो आज एक दूसरे के संग फ़िर से मुस्कुराते हैं।

13. अब दर्द देते है वो

अब दर्द देते है दिलों को वो
जिनके लहजे में थी कभी शहद भरी हुई
अब वक़्त बदलते हर रिश्ते नातों में है
जैसे ज़हर घुली हुई

वक़्त की रफ्तार में बदल गए अब हर मायने
जिनकी जान थी कभी मैं वही कर गए आज हमें बेगाने
अब ना बची उनके दिल में वो प्यार भरी जज़्बात
ना जाने क्यों फ़िर भी प्यार ढूंढती हूँ उन नज़रों में मैं आज।

14. स्वाभिमान

कोई कहता है अभिमानी
तो कोई हठी कह जाता
ना समझता मेरा अंतर्मन
बस झूठ का दर्पण दिखलाता

बुरे के आगे झुकना
ये दिल कभी न चाहा
अपने मान के खातिर
लड़ना ही स्वाभिमान कहलाता

जब दर्द दिया लोगों ने
तो स्वाभिमान मेरा सहारा था
जिसने झुकने ना दिया गलत के आगे कभी
वो स्वाभिमान हमारा था ।

15. सिर्फ एक मुलाकात का मौका दे दे

सिर्फ एक मुलाकात का मौका दे दे
तुझे अपने दिल में फ़िर से बसा लूं
ना रहे अब कोई दूरियां हमारे बीच
तुझे हमेशा के लिए दिल में छुपा लूं

ना शिकायत अब तेरे लबों पर रहे
ना आँखों में मेरे इंतज़ार के आँसू
आज तेरी हर शिकायत दूर कर
तेरे आँखों में प्यार के सपने सजा दूं

बहुत कर लिया इंतज़ार तुमने घड़ी दो घड़ी
अब सब्र का वह पल पीछे छोड़ते है
पुराने सारे जख्म तेरे धोकर
आज अपने रिश्तें को नया नाम देते है
खत्म ना हो तेरी वो सपनें तेरे नयनों से
आज हकीकत में तुझसे बेशुमार प्यार का हम इजहार करते हैं
सिर्फ एक मुलाकात का मौका दे दे तू
तेरे नाम अब सातों जन्म हम करते हैं।

16. तवायफ

पैरो में बांध घुँघरू उसने
सज धज कर श्रृंगार किया
स्वर्ण आभूषण से वो लिपटी
पर जग ने हर पल उसका उपहास किया

हर रोज दुल्हन सी सजती वो
हर रोज उसकी रात रोशन होती
सुबह जब आईने में ख़ुद को देखती
तो ख़ुद के वजूद से उसे नफ़रत होती

घुँघरू को बाँध पैरों में हर दिन वो महफ़िल सजाती है
तवायफ होना उसकी कहाँ मर्जी
अपनी सूनी आँखों से वो मजबूरी बताती है

घुँघरू से सजी उसकी दुनियाँ
पैसों की हर तरफ बारिश
अपने जन्मे शिशु के लिए
होती रहती हर रोज आहत

ना सम्मान ना पति का प्रेम उसे
हर रोज उसे कुचला जाता
उसके मर्जी के खिलाफ
हर रोज उसे बाजारों में बेचा जाता

महफ़िल सजती हर शाम को
छलकता मयखाने में जाम
हर रोज उसकी आबरू का सौदा कोई करता
हम जैसा एक इंसान।

17. प्यार से कह देते

प्यार से कह देते ग़र तुम
तो तेरे लिए जान अपनी कुर्बान कर देते
तुझसे दूर बस होना था मुझे
तेरे सारे अरमान पूरे कर देते

नहीं आने देते कभी हम
तेरी मुस्कान में कमी
तुझसे सच्ची मोहब्बत थी हमें
तेरी ख़ुशी के खातिर हम सारे दर्द सह लेते

तेरी ख़ुशी ग़र ना मुझमें थी
तो एकबार तो कह देते
तेरे प्यार के खातिर हम
अपनी जान तेरी हथेली पर रख देते

पर तुमने मेरी मोहब्बत को
रूसवा किया यूं
मुझे बेवफा कहने से पहले
काश!मेरी जान तुम ले लेते।

18. दिल का रिश्ता

कई बार हम क्यों उस रिश्तें को बचाने की कोशिश करते हैं
जो नहीं रहा अपना उसे मनाने की कोशिश करते हैं
जानते है हर बार की तरह चोट पहुँचेगी बस हमारे दिल को
फ़िर भी उसके दिए हर दर्द को भूलाने की कोशिश करते हैं

ना परवाह करते हैं फ़िर से दिल टूट जाने की
हर कोशिशे हज़ार करते हैं बस उसे मनाने की
जिसे मेरी आँसू की परवाह नहीं एक पल अब
ना जाने क्यों फर्क पड़ता है उसके दूर जाने की

दर्द दिल में होता है सैलाब आँखों में
फ़िर भी दिल जाना चाहता है उन्हीं के राहों में
ना दर्द ना आँसू की परवाह करता ये दिल
हर वक़्त रहना चाहता बस उनकी पनाहों में।

19. आत्मविश्वास

मन में आत्मविश्वास की मशाल जलाकर
चलना है उन राहों में
जिसपर चल मंज़िल मिले मुझे वो
जिनकी तलाश रहती हमेशा इन आँखों में

20. हुनर

जहाँ से तय किया था सफ़र
फिर से लौट वहाँ मैं आ गई
अपने आने वाले कल को
फिर से अतीत की गोद में सुला गई

अब न जीत का जश्न है ना हार की रुसवाई
मैं जहाँ हूँ खड़ी मेरे संग है मेरी सुकून की परछाई
मैं ख़ामोश हूँ क्योंकि मंज़िल यहीं नहीं खत्म होता
मेहनत करने वाले सच्चे लोगों का सूरज नहीं अस्त होता

आएगा जल्द मेरा भी वह उजला सवेरा
जिसकी रोशनी से जगमगाएगा वो काली रात सा अंधेरा
अपनी हुनर से मैं कहीं तो जगमगाऊंगी
जो तारा प्रगति का धूमिल हो गया उसे तोड़ लाऊंगी
जीवन चलने का नाम है हर घटना कुछ सीखाता है
जो अपने स्वाभिमान के साथ जीता है वह आस्माँ
को भी एकदिन झुकाता है।

21. जीवन एक समर्पण

उसका जीवन था एक समर्पण
हर पल अपनों के लिए ख़ुद को क़ुर्बान किया
देकर अपनों के चेहरे पर वो हँसी
अपनी हर ख़ुशी का त्याग किया

वैसे कहने को उसके पास कई अपने थे
पर ऐसा ना उसके पास कोई
जो पढ़ उसके अंतर्मन को लौटा पाता उसकी खोई हँसी
आज वो तन्हा है क्योंकि उसने सबसे प्रेम किया
जीवन भर जिन अपनों की हर ख़ुशी के बारे में सोचा
आज उन अपनों ने ही उसे बेजार किया।

22. मेरी अरदास वो

उसकी मिश्री सी बोली
नयन उसके कजरारे
मुख पर सौम्यता पूनम की
कनक समान उसका तन है

कुन्दन से भी पावन
जिसकी खुशबु है
किसी मंदिर की अरदास
वो भोली मूरत

उसके माथे की कुमकुम में
तेज सूरज सा दमक है
उसकी हाथों की कंगन में
मधुर सूर ताल का संगम है

शहद से भी मीठी
उसकी है बोली
जो अंतर्मन मे घुलता जाए
उसके शब्द प्रफुल्लित कर दे हृदय को
मन में अमिट छाप छोड़ जाए।

23. अवसाद

क्यों उसकी चाह दिल को
जो अंतर्मन में विष सा घुलता जाए
दिन और रात का चैन छीन ले
दिल में एक पीर जगाए

उसकी यादों का असर
अब भी जहन से जाता नहीं
शायद हमारी मोहब्बत कुछ गहरी थी
जो उसे अब भी भूल पाता नहीं

हर पल चाहे अब ये दिल
कि उसे भूला दूँ मैं
इस बेमाने से रिश्तें का
नामोनिशान मिटा दूँ मैं

पर ये पागल दिल है मेरा
जो उस मतलबी की यादों में जागे
अब भी उसकी चाह करे
जिसे वो कभी ना पाए।

24. किस्मत

कुछ नाम किस्मत में नहीं
बस हाथों के मेंहदी में होते हैं
जो बस रंग बनकर हाथों पर बिखरते हैं

25. वादा

ज़िंदगी सहम जाती कभी-कभी
प्यार फीका पड़ जाता है
मोहब्बत की राह भी कभी-कभी
कांटों की राह बन जाता है

नहीं समझते है कभी-कभी
अपने दिल से मजबूत होकर
वो लोग बदल जाते है अक्सर
जो वादा जीवन भर साथ चलने का करते हैं।

26. कविता

कविता अंतर्मन का दर्पण है
जो दिल से है जुड़ी
कभी -कभी भाव समान होते हैं इसका
पर ये दिल की कलम से होती है लिखी

आहत है आज अंतर्मन
और मेरी कलम की स्याही
अब कौन सा रंग भरूँ मैं सत्य का
जब अपनों के बीच मैं दोषी आज कहलाई

नहीं चल पाएगी अब यह कलम
क्योंकि आज मुझ संग ये रो पड़ी
नहीं चाहिए ऐसी शोहरत
जहाँ मेरी स्वाभिमान धूमिल हो चली।

दिल के शब्दों को जोड़
उसमे रंग मैं भरती हूँ
कागज़ के पन्नों पर कुछ और नहीं
दिल के जज़्बात को लिखती हूँ।
नहीं आता अंतर्मन को धोखा देना
ना समझता ये किसी की भाषा
मेरी कविता से प्रसन्न रहे सब
बस इस दिल की इतनी सी अभिलाषा।

27. बचपन की ज़िंदगी

ख़ुशियों से भरी ख़ुशहाल वो ज़िंदगी
बचपन की नादानियों और शरारत से भरी ज़िंदगी
छोड़ जिम्मेदारी और बेफ़िक्रपन बचपन का
इस भागमभाग से दूर चहल-पहल से भरी नादान वो ज़िंदगी

वो बचपन की गुड्डे गुड़ियों की कहानी
वो नानी के लड्डू में बसी लाड प्यार की जुबानी
आज की वीरान सी ज़िंदगी से दूर
वो हँसती मुस्कुराती सी ज़िंदगी

वो बारिश की बूंदों में ख़ुशी का वो एहसास
न भूल पाए कोई वो बचपन की याद
भूलाने पर भी ना भूल पाए हम वो बचपन
वो अपनेपन की अमिट छाप सी वो ज़िंदगी।

28. दिल पर किसका जोर चले

दिल पर किसका जोर चले
ये तो पागल दिल ही जाने
कब किसको दिल में बसा ले
ये किसी का कहना ना माने

दिल पागल तुरंग सा
बस ये दौड़ता जाए
बस जाए इसमें किसकी छवि
ना जाने कौन अपना बन जाए

पल में पिघलता मोम सा
है भावनाओं का मायाजाल इसमे
कभी सख्त पत्थर सा
जो किसी मर्यादा को ना माने

दिल को किसकी बातें लुभावे
लगे अपनेपन का भाव
सदा बस जाता है दिल में वो
ये बस प्रीत की भाषा पहचाने।

कभी ना तोड़ना दिल किसी का
शीशे सा कोमल होता दिल
लग जाते है सौ जमाने इसे जुटने में
टूट जाता जब किसी का नाजुक दिल।

29. मेरी लत

प्रीत की लगन ऐसी लागी
सुद्ध बुद्ध खो गई आज
मेरी लत है साजन तू बस
तू ही मेरी जीने की चाह

नहीं चाहिए धन और दौलत
ना सोने का हार
तुझसे जुड़ा सौभाग्य मेरा
तू ही है मेरा संसार

तेरी प्रीत के लत से बंधी
मेरे दिल का डोर
मेरी हर धड़कन में बसना पिया
तुम बन मेरा चित्तचोर

तुझमें मैं बसी ऐसे साजन
जैसे दीया संग बाती
संग तेरे मैं रोशन रहूँ सदा
बन तेरी जीवन साथी।

30. आँखों का जादू

बातें करती उसकी आँखें
जैसे कितनी दर्द समेटे
होठ ख़ामोश थे लफ़्ज नहीं पूरे
पर जैसे आँखों में छुपे कुछ सपने अधूरे

ना बोल पाने की ललक
उसके चेहरे पर साफ दिखता
उसके आँखों में वो जादू था
जो उसकी अंतर्मन की भाषा कहता

एक कमी जीवन में होने से
जीवन कभी ना खत्म होता
शायद लफ़्ज ना बोल पाते वो शब्द अधूरे
पर कभी -कभी आँखें सब कुछ कहता।

31. छवि तुम्हारी

प्रीत पिया की ऐसी लागी
बन गई मैं प्रेम दीवानी
छवि तुम्हारी इन नयनों में जब से बसा
मैं सुद्ध बुद्ध खो हो गई जग से अंजानी

प्रीत का बंधन अनमोल है तेरा
जो मिश्री सा घुलता जाए
तेरे संग बस रहना चाहे यह
तेरे रंग में रंगना चाहे

ना कोई प्रेम सा मजहब है
ना ये जाति धर्म को माने
ये तो दिल से बना है रिश्ता
जो बस तेरी छवि पहचाने।

32. गुजारिश है तुमसे

गुजारिश है तुमसे मेरा हाथ
जीवन भर थामे रखना
सफ़र चाहे कांटों वाले हो
या ख़ुशी के मेरे साथ-साथ चलना

तेरा साथ मेरे लिए जरूरी है
तेरे बिन मैं हूँ अधूरी
मेरे हर सपने तुझ संग है
और मंज़िल भी होती तुझ संग पूरी

ऐसी कोई ख़्वाब की ताबीर ना हो
जिसमें तू ना हो संग मेरे
रब से मांगू बस ये दुआ
हर ख़्वाब तुझ संग हो पूरे

मेरे नयन में छवि बस तेरी बसे
हाथों की लकीरें भी तुझ संग
दिल से बंधा है दिल का रिश्ता
नहीं जी सकती मैं तेरे बिन।

33. एक तलाश

एक तलाश है ज़िंदगी
फ़िर से तू मुस्कुराऐगी
जितने ग़म के आँसू तुने दिए है
मेरे चेहरे पर ख़ुशी के आँसू भी तू लाएगी

ग़म और ख़ुशी के बीच
बस चंद पलों का फासला है
बस यह तय हमें करना है
जीवन में हमें क्या अपनाना है

हर दर्द के बाद ख़ुशी
जरूर वापस आती है
ग़म के आगोश में भी लिपटी ज़िंदगी
भी एकदिन जरूर मुस्कुराती है

कभी फूल को देखा तुमने
कली मुरझा कर भी मुस्कुराती है
ना जीवन खत्म उस पौधे का कभी
पतझर के बाद भी मधुमास उसपर आती है।

34. अंहकार

मत इतराना तुम कभी
जग में सब है खो जाना
बस अच्छे काम रह जाते हैं
हर चल अचल का एकदिन है राख होना

आज तन पर धूल लगे शूल समान
कभी लिपटे थे तुम भी इस गाँव की मिट्टी में
बचपन गुजरा भूल गए सब
आज बस गए जो तुम शहर के महलों में

शान और शौकत सब बस
इस जग की मायाजाल है
जो जुड़े ना अपने मिट्टी से
उसका जीवन ना साकार है

मृत्यु भूमि और श्मशान में
हर मनुष्य की होती एक गत
राजा हो या रंक सभी का
होता एक सा अंत

फिर क्यों उलझे हम
ये शोहरत की ज़ंजीरों में
खो जाना है सबकुछ इस जग में एकदिन
अंहकार के अंधियारों में।

35. ज़िंदगी एक प्रेरणा

ज़िंदगी एक प्रेरणा
यह जीवन के कई रंग है दिखलाता
कभी ख़ुशी का ग़म है भरता
कभी सौ आँसू दे जाता

कभी तपती धूप सी ज़िंदगी
पर उसकी प्रेरणा शीतल साँझ सी
जिस शीतलता को पाने की हर मनुष्य की अभिलाषा
पर जीवन जटिल आग सी

ज़िंदगी की प्रेरणा वह बहती धारा
जो सबको अपनी ओर खींचे
पर प्यास बुझता बस उस मानव का
जो ख़ून पसीने से अपने ख़्वाब को सींचे

जीवन जटिलताओं की श्रृंखला है
हर जटिलटाओ को प्रेरणा ही ख़त्म करता
नित्य निरंतर बढ़ता वह मनुष्य अपने मंज़िल की ओर
जब अपने सीने में प्रेरणा का बीज वो बोता ।

36. आगोश में उनकी

तेरे आगोश में ताउम्र मैं रहना चाहूँ
प्रेम बनकर तेरे दिल में बसना चाहूँ
सांसे तेरी आज मैं बन जाऊँ
आज तुझमें बस तुम से मैं हो जाऊँ

ना दूरियाँ आए कभी हमारे दरमियान
ना गलतफ़हमी की जगह हो कोई
तेरे दिल में बस ख़ुद के लिए प्यार चाहूँ
मेरी अब न अरमान है कोई

हर सुख दुःख की साथी बनु
जीवन भर चलूँ थाम तेरा हाथ
ना प्यार हमारा कम हो कभी
चाहे आए उम्र का कोई भी पड़ाव

तेरे हर ग़म को दे दूँ हँसी
तेरे आँसू भी मेरे हो
जब मौत भी आए जो कभी
तुझसे पहले उसपर नाम मेरे हो।

37. खामोश लफ़्ज

कभी -कभी लफ़्ज खामोश होते हैं
और दिल में सैलाब भरा
अंतर्मन में चलता है युद्ध
क्योंकि दिल में दर्द होता है भरा

ख़ामोशी ही शायद उस वक़्त
इलाज होता है इस टूटे हुए दिल का
क्योंकि लफ़्ज बोल पड़ेंगे तो
ना जाने कितने रिश्ते टूट जाएंगे।

38. शायर की ग़जल

कभी कोई शायर की ग़जल
लगती हो तुम
दिल जिसको गुनगुनाना चाहे
वो संगीत हो तुम

तेरे आने से रोशन हुआ
इस दिल में चिराग
तुमसे है मोहब्बत मुझे बेहिसाब
कभी झरने की पानी सा
तेरी प्यार की सौम्यता छलकता है
तेरी मासूम चेहरे पर ख़ूबसूरती
कनक का दमकता है

तेरी अदा में है सादगी
किसी फरिश्तें का
जिसकी अरदास करें ये दिल
तुझमें मेरा रब दिखता है
मेरी साँसों में अब तेरी
साँसें घुल गई
जैसे इस पागल दिल को
उसकी धड़कन मिल गई

मेरी राग मेरी रागिनी हो तुम
जिसके साथ पूरी ज़िंदगी बिताना
चाहूँ वो संगिनी हो तुम।

मेरी राग मेरी रागिनी हो तुम
जिसके साथ पूरी ज़िंदगी बिताना
चाहूँ वो संगिनी हो तुम।

39. प्रेम

जोगन बन भटके वो दिल
उसकी पीर ना जाने कोई
जब प्रेम हो दिल के अंदर कैद
भूख प्यास ना भाए कोई

इन अंखियों को चाह प्रियतम की
मन में बसी जिसकी छवि
ना भाए सोने का महल उस जोगन को
जिसके दिल में रहता प्रियतम की छवि

उस जोगन की अलग ही दुनियां
जिसमें चैन ना आए कभी
विरह की वेदना से वो नित्य जले
उसके प्रेम की भाषा ना समझे कोई

ना भाए दूजा उसके मन को
जिसके दिल में प्रेम बसा
जान गंवा दे अपने प्रियतम पर
ग़र उसका प्रेम उससे दूर हुआ।

40. पहली मुलाकात

वो पहली मुलाकात कोई कैसे भूले
मेरे बाजू में थे वो बचपन जो तेरे
तेरा वो हर नन्ही छुअन
जैसे मुझे पूरा कर जाता था
मेरे होने का वजूद माँ बन कहलाता था

मासूम से तेरे लड़खड़ाते सी बोली
वो छुअन तेरे बचपन की जिससे
रोशन हुआ ये घर पूरी
भूलाए तो भी हम कैसे तेरा वो बचपन
वो तेरी पहली मुलाकात वो मासूम सा कोमल बचपन।

Sweta Roy

41. दर्द से रिश्ता

दिल में जब दर्द हुआ तो
आँसू आँखों से न बह पाया
जज़्बात अंदर घुटता रहा
मन का सैलाब ना निकल पाया

तब दिल की बातों को लिखकर
मैंने कुछ कविता बनाई थी
अपने जज़्बातों को पिरोकर अपने
एहसास उसे बताई थी

फ़िर कब दर्द का सिलसिला
मेरी जीने की वजह बन गया
हर दर्द देने वाला शख़्स
मेरी ख़ुशी का वजह बन गया

अब तो आदत सी बन गई
हर दर्द को सहने की
लोगों की कहीं अनकहीं बातों में
भी अटल रहने की

कहते हैं हर दर्द के बाद ही
ख़ुशी का पल आता है
जो हारता है सबकुछ
वही एकदिन विजय होता है।

42. थोड़ सी आराइश

आज थोड़ी सी आराइश
प्रकृति ने फ़िर किया सौलह श्रृंगार
बारिश की बूंदों की छीटों से
नव -पल्लवित हुआ पूरा संसार

ग्रीष्म ऋतु की तपिश से
झुलस रहे थे हर प्राणी
नव जीवन का संचार हुआ
मानसून के आगमन से

पशु पक्षी जनमानस
सभी के मन में फ़िर से उमंग जगा
बादल के गर्जन और चमक से
हर घर आंगन रोशन हुआ

प्रकृति की थोड़ी सी आराइश
मनलुभावन सा लगे
ताउम्र सिमट जाए यह लम्हा
आज प्रकृति ऐसा श्रृंगार करे।

43. थोड़ा याद रखना थोड़ा भूल जाना

थोड़ा याद रखना और थोड़ा भूल जाना
क्यों ना अपना ले जीवन में ये अफ़साना
शायद जीवन जीना आसान होगा तभी
जब बीती बातें भूल जाओगे दिल से कभी

माना माफ करना थोड़ा मुश्किल है
फ़िर भी कोशिश तो करना है
जीवन भरी है बीती यादों से
इन बुरी यादों से एकदिन तो निकलना है

वो बातें दिल में क्यों याद रखना
जो अंतर्मन में विष घोले
जीवन एकबार मिली हमें
क्यों न सबके मन में मिश्री घोले।

44. फ़िर से मुस्कुराऐगी ज़िंदगी

ज़िंदगी है मुश्किल पर
क्यों मुस्कुराना छोड़ दे
ग़म का दामन पकड़कर
क्यों जीवन जीना छोड़ दे

मुश्किले आती है इसका है
सबके जीवन में आना जाना
क्यों कठिनाईयों के डर से
हम छोड़ दे मुस्कुराना

कठिनाई कितनी भी आएगी
फ़िर भी चलता रहेगा जीवन
कभी थक कर रो पड़ेगा
तो कभी मुस्कुराएगा जीवन

जीवन के हर पहलू से
अपना नाता जोड़कर
बढ़ो अपने मंज़िल की ओर
एक अटल पथिक बनकर

ज़िंदगी फिर से मुस्कुराऐगी
आएगी ख़ुशी की आहट
ना होना कभी उदास तुम
चेहरे पर रखना हमेशा मुस्कुराहट ।

45. अतीत एक दोस्त है

अतीत एक दोस्त है
बीते पन्नों को ज़रा पलट कर देखो
कौन है तेरे अपने और बेगाने
कभी अपने अतीत से दोस्ती करके तो देखो

वर्तमान में बहुत मिल जाएंगे दोस्त नए
कुछ तेरे अपने बनने का करेंगे ढोंग नए
कई बार तुम्हारे दिल को जब चोट पहुँच जाएगा
अतीत बन तुम्हारा सच्चा दोस्त तब तुम्हे संभालेगा

अतीत के पन्नों में जो गुजर गए रिश्तें कई
उनका दामन थाम करो
संघर्ष उनके तरह नई
तुम्हारा वर्तमान ख़ुद निखर जाएगा
जब अतीत जैसा दोस्त तुम्हारे जीवन में आएगा।

46. मै उतनी ही बिखरी हूँ

मैं उतनी ही बिखरी हूँ
जितना तुम मुझे बिखेर गए
दर्द के आगोश में टूटकर
सौ टुकड़ों में बँटे हुए

दिल के हर टुकड़े ने
आज तुमसे जबाब मांगा है
क्या गलती थी हमारी
कि हमने तुमको बस चाहा है

टूट गई और बिखर गई मैं
तुमने यही चाहा था
कहते थे तेरी चाँद हूँ मैं
फ़िर तुमने ही इसमें क्यों दाग लगाया है

दर्द के आगोश में रहने से
अच्छा थोड़ी ज़हर तुम दे जाते
कमबख्त ना हर पल हम मरते
इस टूटे दिल की दवा हमें मिल जाती ।

47. कहीं तो आशियाना होगा

कहीं तो आशियाना होगा ऐसा
जहाँ मेरे ख़्वाब को पंख मिले
इस जहाँ के सारे गमों से दूर
मुझे कहीं तो ठहराव मिले

थक चुकी हूँ मैं
अपने वजूद से लड़ते - लड़ते
एक आशियाना हो मेरा ऐसा
जहाँ सपने पूरे हो मेरे

बस खुशियाँ हो दामन में मेरे
हर दिन नया सवेरा हो
जहाँ अंधकार भरी रातों में भी
सुनहरी रोशनी सा सवेरा हो

हँसी और मुस्कान से जहाँ
लोग करे मेरा अभिवादन
धूप में भी छाँव सा लगे
ऐसा कहीं तो ठहराव मिले।

48. वो शाम धूमिल सी

वो शाम धूमिल सी
अपनी मद्धिम रोशनी ख़ुद में समेटे
सूरज को कहती हो जैसे जा
अपने घर कल मिलते है सवेरे

अंधकार और शाम धूमिल सी
थी अपने खुमार में
चाँदनी रात इंतज़ार करती अंधेरे का
जैसे आज की रात में

मद्धिम लालिमा आज प्रकाश
बिखेरता नीले नभ पर
चहचहाती पंक्षी हँसी ठिठोली करते
लौटते अपने आवास में

प्रकृति की यह छटा ख़ुद में
सौन्दर्य को बिखेरे
रात कहती हो जैसे कल निकलेगा
हर्ष उल्लास लिए नए सवेरे।

49. मैं खुशकिस्मत हूँ कि तुम मेरे पास हो

तुम मेरा वो एहसास हो
जो दिल को सुकून दे जाते हो
मेरे संग-संग चलकर
मेरे हर सुख और दुःख को अपना बना जाते हो
मैं खुशकिस्मत हूँ कि तुम मेरे पास हो

तेरा साथ वो ठंडी छाँव सा है
जिसके शीतलता में मैं ख़ुद को सुरक्षित महसूस करूँ
जीवन के भाग दौड़ और दर्द को भूलकर
तेरे संग ख़ुशी के पल जिऊँ

तुम मेरी वो प्रेरणा हो
जिससे आगे हर पल बढ़ना सीखा
तेरे हाथों में डाल हाथ हर कठिनाइयों से जीवन में लड़ना
सीखा
मैं खुशकिस्मत हूँ कि तुम मेरे पास हो।

50. एक मासूम सा फ़रिश्ता

एक मासूम सा चेहरा
जो बन गया मेरे जीने की वजह
फ़रिश्ते से भी सुंदर दिल है जिसका
वो है मेरे लिए मेरे जीने की वजह

जब भी बोझिल लगता मुझे जीवन
वो बनता मेरा हौसला
नित्य सपनों की ओर बढ़ता देख ख़ुश होता
वो है मेरे लिए मेरा फ़रिश्ता

उसकी न कुछ भी चाहत मुझसे
बस मेरी ख़ुशी चाहत उसकी
मेरी ख़ुशी में वो ख़ुश होता
ऐसा है वो मेरा फ़रिश्ता

मेरे सपनों को लिए नयनों में
वो भी मेरे संग जागे
मेरी हर विजय को
वो अपना गौरव माने

मेरे दिल का चैन है वो
मेरे जीवन का रैन वो
रब से मांगू बस ये दुआ
जीवन भर वो संग रहे मेरे सदा।

51. कभी भी दूसरो को ना आंके

इस जग में कोई ना जाने किसका चमकेगा सितारा
हुनर वो चीज है जिसका अस्त नहीं होता उजाला
कुंदन से भी ज्यादा तेज है इसमें
ज्वाला से भी ज्यादा भरे हौसलो के अंगारे

जिसको मान बैठते है किसी काम का वो नहीं
उसके हुनर से बदलते है उसके भी सितारे
कभी भी दूसरो को ना आंकने की गलती करना कभी
वरना ऐसा ना हो उसके सामने डूबने लगे तुम्हारे सितारे

अंहकार हमे पतन की ओर ले जाता है
कुछ झुककर जो आगे बढ़ता है वही मंज़िल पाता है
लोगों की अठखेलियाँ ना बदल सकती उसका भविष्य
जिसने सच्ची मेहनत से अपनी उपलब्धि को पाया है ।

52. फ़िर से हँस दे ज़िंदगी

फ़िर से हँस दे ज़िंदगी
अपने दामन में ख़ुशी समेटे
कब तक ग़म का दामन रहोगे पकड़ तुम
चलो आज ग़म को छोड़ते है अकेले

निराशावाद बनने से अच्छा है
आशावादी बनना
हर अवसाद भरी कड़ी को पीछे छोड़
जीवन में आगे बढ़ना

आँसू बहाने से क्या
दूर होता ग़म है
ये आँसू हमें कमज़ोर बनाता
इसमें ना निवारण का दम है

लोगों की बातों से बोझिल हो
बैठ जाना कायरता कहलाता
जो हार कर भी उठ खड़ा होता
वही जीवन में सफल कहलाता ।

53. अधूरा

जीने की चाह थी तुझे पूरी ज़िंदगी
पर वक़्त ही दिया तूने अधूरा
वक़्त का पहिया चल रही है अपने रफ्तार से
बहुत से काम अब भी है अधूरा

दुनियाँ की चहल -पहल से दूर
कुछ पल ख़ुद के साथ गुजार लूँ
फ़िर से जी लूँ अपने पुराने बचपन को
काश!अपने गुजरे वक़्त को फ़िर से पा लूँ।

54. वो सूखा गुलाब

बंद क़िताबों में हर लम्हा रहता
तेरी यादें हो जाती ज़िंदा फिर से
जब वो सूखा गुलाब मुझे दिखता
फिर से बीती लम्हें याद आती जो दिल में था दबा

बरसों पुरानी यादों का कारवां
जैसे कुछ याद कराती
तेरी मेरी प्रेम कहानी
जैसे फिर से वो दोहराती

उस गुलाब संग जन्मों का नाता
है बंधन जैसे दिल का
हूँ जुदा मैं तुझसे फिर भी
मेरी यादों में ज़िंदा है तू हर लम्हा

उसकी खुशबू आज भी
मेरा दामन महकाए
तुझसे पहली मोहब्बत का इज़हार
तेरी मेरी कहानी का इतिहास दोहराए।

55. वक़्त

वक़्त बदलता है निरंतर
कल गम तो आने वाला है ख़ुशी
जीवन के हर पहलू को सहेजो
तो जीवन में मिल जाएगी खोई ख़ुशी

हर वक़्त गम का दामन पकड़ना
कहाँ ज़िंदगी कहलाता है
रोते रहेंगे अगर भाग्य पर तो
जीवन बोझिल बन जाता है

छोड़ दो अब भाग्य पर रोना
ना ईश्वर से हर वक़्त मांग करो
अपने हाथों की लकीरों को ख़ुद बदलो
अपनी मेहनत से असंभव काम करो

अक्सर हारने के बाद
निराशा तुम्हारा मार्ग रोकेगी
ग़र हर हार से आगे बढ़ना सीखोगे
तो जीत तुम्हारा माथा चूमेगी।

56. पसंदीदा मेरा रंग

दुनियाँ में हजार रंग है
उनमे है वो पक्का रंग
जो बसे मेरे दिल में
वह है लाल रंग

लाल रंग की लाल चुनरिया
मेरे मन को भाए
है सुहाग की ये निशानी
जो हर सजनी को सुहाए

लाल रंग सिंदूर का
जो हर सुहागन को पूरी कर जाए
जब ये चढ़े भगवान के चरणों में
तो कनक से ज्यादा इसका मान बढ़ जाए

लाल रंग है लहू का
जो सबको जीवन देता
ये जात-पात से ऊपर उठ कर
रोगी को भी नव जीवन देता ।

57. वह स्पर्श

भूल ना पाऊं मैं कभी
उसकी वह स्पर्श भरी बातें
कल तक थी प्रीत से अंजान मैं
आज मैं हो गई प्रेम दीवानी

प्रीत के बंधन से बंधा
मेरे उसके दिल का नाता
वो है मेरी जीवन
और मेरी हर अभिलाषा

दुनियाँ में सबसे प्यारा वो
चाहूँ मैं उसे बेइंतिहा
रब से मांगी दुआओं जैसी
वो है मेरा फरिश्ता

ना उसके बिन जी पाऊँ मैं
ना ज़िंदगी पूरी लगती है
वो है जो मेरे संग
मेरी ज़िंदगी हसीन लगती है।

58. मीठा ज़हर

कुछ तो बात थी उसमें जो
तीर दिल के पार कर गया
चाहत हुई बेहिसाब इतना
कि वो मेरे दिल में बस गया

धड़कनों को जैसे बस उसका एतबार था
ना कह पाते ख़ामोश लफ़्ज़
पर इन कानों को उसके
एक शब्द का इंतज़ार था

जिसकी एक बोल कि वो मुझे चाहता है
मेरे लिए सबकुछ था जैसे वो मेरा आफ़ताब था
पर उसकी ये बातें कब मीठा ज़हर बन गया
मुझे यह तब एहसास हुआ जब उसके दिल में कोई और
बस गया

प्यार से खेलना उसकी बस आदत थी
मेरी मोहब्बत का वो कद्र कैसे करता
जब उसे दिल तोड़ने की आदत थी।

59. मतलबी रिश्तें

दुनियाँ की बन गई आज रीत अनोखी
अच्छे संग नहीं हो रही अच्छाई
बुराई आज जीत रहा सबका दिल
सच्चाई की मिटती जा रही है दिल से परछाई

लोग अक्सर यहाँ पर
स्वार्थ का रिश्ता रखते है
निस्वार्थ भावना अब कहाँ बची
हर एक रिश्ते यहाँ झूठ पर टिकते है

दिल का सैलाब और आँखों की नमी
अब कहाँ लोग पढ़ते है
हर रिश्तें बेमाने है इस जग में
ये कहाँ किसी की मजबूरी समझते है

पैसों के अंहकार में चूर मनुष्य
हर रिश्तों को तौले बस पैसों से
जिसने किया अपना जीवन समर्पण
उसे भी कहाँ सम्मान मिलते हैं।

60. यकीन

यकीन वो गागर है
जो ग़र फूट जाता
कितनों के रिश्तों के मायने ये बदलता
कितनों का दिल तोड़ जाता

बड़े बुजुर्गों से सुना है करना ना
किसी पर हद से ज्यादा यकीन
कहीं दिल ना तोड़ जाए कोई तुम्हारा
बनकर सबसे अजीज़

मैंने भी यकीन किया किसी पर
माना जिसको अपना अजीज़
क्या पता था वो पीठ पर खंजर घोपेंगे
बनकर दिल के इतने क़रीब

रिश्तों के पैमाने ही उसने बदल दिए
अब ना होता किसी पर यकीन
दिल में बसा कर किसी अपने को हमने
तोड़ने दिया कैसे अपना प्यारा सा दिल।

61. मृगतृष्णा

जीवन में क्यों चाह उसे भरने की
जो हर लम्हा दिल में तीस बढ़ाए
ना मिल पाए जो चाह दिल को
दिल में एक हुक जगाए

पीर जिया की बस वह जाने
जो उस मंज़िल को पा ना सके
स्वर्ण सिंहासन पर बैठा चाहे राजा हो
रंक सा भी वो नसीब ना पाए

नव पल्लवित होता देखे जब
हर जनमानुष जीवन को
अंदर ही अंदर वह मरता जाए
जब नव कोपल को वो ना पाए

उसके डाली पर नव जीवन ना बसे
ना जन्में कोई पुष्प
उसकी व्यथा बस वही समझे
जो नवजीवन का भान ना पाए

ममत्व भरा उसके दिल में
अंखियों में मृगतृष्णा सी आस
वन -वन भटके वह मृग बनकर
जिसने कभी किलकारी का स्वर ना पाए।

62. तुझे कह ना पाई मैं

प्यार था तुझसे पर
कभी कह न पाई मैं
तुझे जाने दिया अपने शहर से
कभी न रोक पाई मैं

वो बचपना था वह नादानियां थी प्यार में
तुम्हे रुसवा किया पर न भूल सकी मैं
हर लम्हा बस तुम्हे मैंने सच्चा प्यार किया
तेरी एक झलक का बस इंतजार किया

ये कैसी मोहब्बत मेरी जिसमे फ़ना मैं हो गई
चाहा तुझे बेहिसाब पर कह न सकी मैं
अब भी तेरी यादें कहाँ मेरा पीछा छोड़ती है
हर यादें तेरी तरफ ही मेरा मुँह मोड़ती है

तेरी मोहब्बत ने हमें यह जरूर सिखला दिया
मुझको तेरी प्रेम दीवानी मीरा सा बना दिया ।

www.ingramcontent.com/pod-product-compliance
Lightning Source LLC
Chambersburg PA
CBHW020646160726
47991CB00003B/1041